河南博物院镇院之宝

河南博物院 主编

莲鹤方壶

曹汉刚 编著

中原出版传媒集团
中原传媒股份公司
大象出版社
·郑州·

图书在版编目（CIP）数据

莲鹤方壶 / 曹汉刚编著 . — 郑州：大象出版社，2017.10（2018.3 重印）

（河南博物院镇院之宝）

ISBN 978-7-5347-8896-3

Ⅰ . ①莲…　Ⅱ . ①曹…　Ⅲ . ①青铜器（考古）—介绍—河南—春秋时代　Ⅳ . ① K876.41

中国版本图书馆 CIP 数据核字（2017）第 243935 号

莲鹤方壶

LIAN-HE FANGHU

曹汉刚　编著

出 版 人　王刘纯
责任编辑　吴韶明
责任校对　安德华
装帧设计　张　帆

出版发行　大象出版社（郑州市开元路 16 号　邮政编码 450044）
发行科　0371—63863551　总编室　0371—63867936
网　　址　www.daxiang.cn
印　　刷　郑州新海岸电脑彩色制印有限公司
经　　销　各地新华书店经销
开　　本　889mm×1194mm　1/32
印　　张　3.5
版　　次　2017 年 10 月第 1 版　2018 年 3 月第 2 次印刷
定　　价　42.00 元

若发现印、装质量问题，影响阅读，请与承印厂联系调换。
印厂地址　郑州市英才街 6 号
邮政编码　450002　　电话 0371—67358093

编辑委员会

扫二维码，欣赏《莲鹤方壶》视频

总　序

凡博物馆皆有自己引以为豪的藏品中的精华，如罗浮宫之《蒙娜丽莎》、荷兰国家历史博物馆之《夜巡》、中国国家博物馆之司母戊鼎、故宫博物院之《清明上河图》等等，许多博物馆将此类藏品称为“镇馆之宝”，重要的博物馆“镇馆之宝”常常有若干件，当然有些甚至堪为“镇国之宝”。

河南是中华文明的重要发源地，历史悠久，文化积淀厚重，近代以来中国的重要考古发现多在此地，中国考古史便是从这里起步，百年来发现的遗迹遗物极大地丰富了历史文化的研究，填补了历史的空白。河南博物院是中原

最大的文物典藏展示机构，河南出土的重要文物理所当然地保存在这里。

2007年12月，时值河南博物院建院80周年，河南博物院镇院之宝甄选活动尘埃落定。众多专家学者经过反复论证，从河南博物院藏品中推选出九件最能代表中原历史文化的典藏品，作为“镇院之宝”。所谓镇院之宝，无疑是收藏中的佼佼者。首先是典型性，能代表文物所处历史阶段的文化科技发展最高水平；其二是重要性，具有重要的历史文化价值，填补历史研究的空白；其三是震撼性，文物具有强烈的时代感，其艺术性让人震撼；其四是唯一性，目前没有相同文物，或该文物是同类中最好的。

在我们遴选的过程中，发现能入此类标准的河南博物院藏品何止九件，最后为了坚持“九为大数不满”的初衷，经过反复讨论甄别，兼顾时代的普遍性，选取了贾湖

骨笛、杜岭方鼎、妇好鸮尊、玉柄铁剑、莲鹤方壶、云纹铜禁、四神云气图壁画、武则天金简和汝窑天蓝釉刻花鹅颈瓶为九大镇院之宝。

贾湖骨笛不啻为音乐的奇迹，其重要性还在于促使我们重新评估裴李岗人的思维高度、情感表达的丰富性和表现力。贾湖骨笛在中原出现虽是孤例，但并非偶然。中原由于所处地理位置，进入新石器时代以后，在会通南北、连接东西上占得先机。贾湖遗址以稻作农业为主，是当时产稻的最北区域，但是其文化面貌却是裴李岗文化系统，其遗址中出现了猪与狗的驯养，这一遗址无疑是同时代文化中最为先进的。离贾湖不远的许昌灵井，距今8万年前已经出现了专业的制骨遗存，贾湖出现高质量的骨笛也就不足为奇。

九大镇院之宝中，先秦时期的青铜器占据五件，这

与中原在这一中国文化轴心时代中主导作用的建立不无关系。

相传禹铸九鼎，三代奉为传国之征。鼎作为炊煮的食器，演变为王权的象征，体现了华夏文明的民本意识，而中原既是鼎的发源地，更是鼎文化最具代表性的地区。虽然二里头发现了迄今最早的铜鼎，但是其体量和造型还不能与国之重器勾连。郑州商城杜岭街出土的窖藏铜鼎，通高87厘米，饰有饕餮纹和乳钉纹，具有王权的威势，是迄今发现的商代早期较大的铜鼎之一，也是最早的能象征国家的铜鼎。据此证明了郑州商城的王都性质。

商代后期以安阳殷墟为国之核心。这里发现的最重要的墓葬当属妇好墓。出土的468件青铜器中，鸮尊是最具代表性的铜器之一，这是目前中国发现的最早的鸟形铜尊。其鸮形的巧妙构思和周身繁缛的龙、蛇等各种动物纹

饰，不仅体现了妇好主持祭祀、带兵征伐的特殊身份，其艺术性也堪称经典。

中国广泛使用铁器要到西汉，然而在此之前有一个从出现到推广的发展过程。三门峡虢国墓地2001号虢季墓中出土的玉柄铁剑，经鉴定剑身为块炼钢锻打而成，这一发现将中国人工冶铁的历史提前到了公元前8世纪。

技术的先进是文明核心地位确立的重要条件，技术的不断发展又为社会的进步提供了前提，莲鹤方壶无疑是先秦社会发展的标志性器物，是技术、艺术与社会变革的集大成者。这件郑国人铸造的器物汇合了南北风韵、新旧特征，是春秋时期郑国特殊的历史文化地位的真实写照，更是百家争鸣、社会变革的艺术表达。

在中国冶铸史上具有划时代意义的器物还有云纹铜禁。这件器物出土于河南淅川下寺春秋楚墓，其墓主为楚

国令尹子庚。铜禁通体由多层透空的云纹构成，十二条怪兽攀附四周，其精密的铸造工艺为我们提供了失蜡法铸造的最早标本。

五件先秦时期的青铜器各具代表，各领风骚，构成了中国青铜时代历史文化叙事链条的重要节点。

汉以降，中国历史文化转入了新天地。凝重神秘的青铜时代被人本思想和崇尚现实的享乐主义所代替，狰狞的鬼神世界，代以奇异的神仙来世。崇儒的同时，并行着道教的升仙意识。特别是在汉代的墓葬中充满了对来世享乐的憧憬，对来世仙界的描绘。出土于河南省商丘市永城芒砀山柿园西汉梁王墓的四神云气图壁画，绘有青龙、白虎、朱雀、怪兽等四种神禽异兽和灵芝、花朵、云气纹及穿璧纹等，充满了升仙气息。这件壁画尺寸宏大，为汉代壁画中所罕见，它是我国现存时代最早、规格等级

最高、保存最完整的墓室壁画。

儒、佛、道在中国社会并行了一千多年，唐代以后三教逐渐合流。武则天一生充满了智慧，也充满了矛盾。在她的身上包含了多重宗教的信仰，她营造了龙门卢舍那佛窟，在偃师立了“升仙太子碑”。但是由于其墓葬还未发掘，与其有关的可移动遗物一直未能发现。1982年在登封嵩山峻极峰发现的武则天金简成为女皇唯一的直接可持有的宗教用物。这件物品是武则天祭拜嵩山的物证，也是武则天道教思想的体现，更是迄今发现的唯一的皇帝投龙金简，其历史与宗教文化价值无可代替。

历史上各个时代的造物总是恰如其分地附带上当时的文化与习俗烙印，而这种文化烙印尤其强烈的，莫过于宋代的瓷器。宋代对瓷器釉色的追求来源于宋人理学风气的弥漫。“雨过天青云破处”是对汝瓷独特的审美追求。

由于历史的原因，传世的汝官瓷屈指可数，弥足珍贵，20世纪80年代在宝丰清凉寺发现的窑址，被认定为汝官窑遗址，但是遗址内出土皆为瓷片，在其附近窖藏发现的少量汝瓷，成为考古出土的仅见的汝官瓷。其中的天蓝釉刻花鹅颈瓶完整性和工艺造像堪为第一，重要价值不言而喻，更重要的是以汝瓷为代表的瓷器的变革，不仅是技术的变革，还将中国文化与审美带到了更高的境界。

展览是历史文化信息的有机整合与展现，九大镇院之宝由于文物保护原因和其他原因有时不能同时完整陈列于展厅。即便是在展厅陈列，由于陈列本身的局限，也不能将全部或更多的信息在展厅中提供给大家。为了让大家更多地了解九大镇院之宝背后的历史文化信息，我们编写了这套丛书。对每件藏品的解读基于学术界最新研究成果，撰写方面力求科学严谨求真。我们希望通过本套丛书引导

公众对藏品有更细致的观察了解，实现藏品信息与公众的分享与对话。但是由于研究阶段性的局限，由于研究深度的局限，由于研究资料的不全面等因素，我们的解读还有许多未尽之处，我们会继续不停地研究下去，将更多的研究成果及时提供给公众。也希望更多的学者加入到对文物、对九大镇院之宝的研究中，不断丰富和深化我们对历史文化的认识。

九大镇院之宝是古人智慧与思想的凝结，是文化制高点的物质的表征，每件文物都有独特的重要价值。这九件文物只是代表，而非全部，如果你来到河南博物院，将会看到更多的典藏瑰宝，比如彩陶双连壶、王孙诰编钟、金缕玉衣、汉代三进陶院落、杨国忠银铤等等，但在甄选镇院之宝时我们不得不割爱。我们希望大家在关注九大镇院之宝的同时，关注九件文物背后连带的关于中华文明、关

于中原文化一脉相承延续发展的历史，关注中华文明强大的凝聚力、创造力、生命力，关注九件文物代表的更多的河南博物院的精美典藏，中原大地上的数不尽的丰富遗存。

河南博物院院长 田凯

2017年3月

目 录

一、品鉴

莲鹤方壶出土时为一对，一件收藏于河南博物院（图一、图二），另一件收藏于故宫博物院，两件形制、纹饰完全相同，唯后者尺寸略大，通高125.6厘米，口长31.6厘米，口宽26厘米。为便于区别，故宫博物院将其所藏的一件命名为“立鹤方壶”。

商周时代，壶是青铜酒具的一种，也是青铜礼器的重要种类之一，古人以此器祭神祀祖，飨宴宾客。作为青铜时代极具生命力的一种铜器类别，铜壶的器形不断变化和发展，而莲鹤方壶则是青铜时代承上启下的绝代珍品，也是河南博物院前身河南省博物馆最早的藏品之一。

图一　莲鹤方壶

春秋（前770年—前476年）

通高117厘米，口长30.5厘米，口宽24.9厘米

1923年河南新郑李家楼郑公大墓出土

河南博物院藏

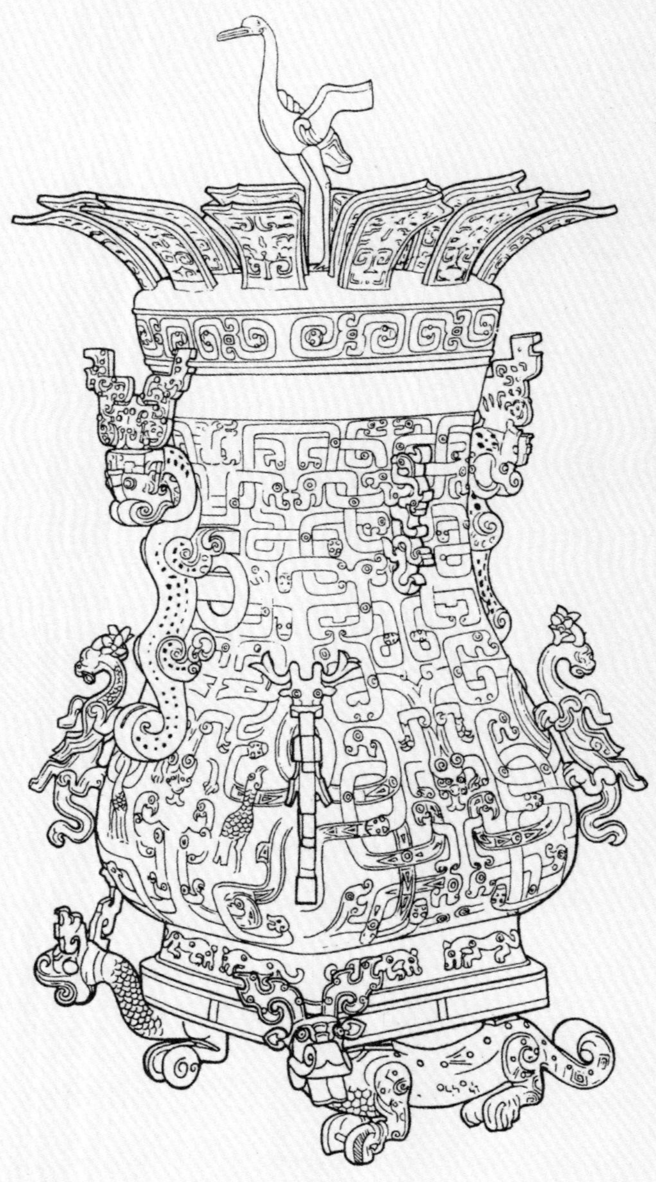

图二　莲鹤方壶线图

莲鹤方壶造型宏伟气派，装饰典雅华美。从器形上看，壶整体呈椭方体，修颈斜肩，垂腹圈足，上有冠盖，下承双兽。壶冠呈双层盛开的莲瓣形，莲瓣呈弧形外张，与凸鼓的下腹遥相呼应，并形成优美的“S”形曲线。颈两侧有一对巨型回首龙形耳，壶颈正背两面中央及下腹四角，各有小型回首龙形装饰。而在盛开的莲瓣中央，一只亭亭玉立的仙鹤展翅欲飞，成为整器造型的点睛之笔（**图三**）。

再从纹饰上看，其装饰极尽华美，繁复而精致。壶身遍饰蟠龙纹，四面中央均以一正面龙纹作为主纹，四周围绕侧面龙纹。主体龙纹有爪形足，口吐舌，如蛇吐信（**图四**）。所有的龙身遍体饰以变相蝉纹，都相互蟠绕，龙首俯仰不一，且有龙首和凤首之别。左右两侧面下方的

龙纹，是龙首再加凤首，首旁还各加缀一写实的鸟纹（**图五**）。冠盖上的莲瓣均为镂空，每个莲瓣均由龙凤合体的蟠龙纹组成，龙身复饰以双钩细线。盖缘外壁饰窃曲纹，两兽尾部相连，连接处缀以凸起目纹。圈足四面各有一对浮雕式伏虎纹，虎首相对，其下有细密的双“8”字形蟠螭纹。综观壶身装饰，以蟠龙纹为主，这些蟠龙纹相互缠绕，上下穿插，四面延展，似乎在努力追求一种总体上的动态平衡。

壶身上下还设计了众多的附加装饰。壶颈两侧则各有一龙形怪兽构成壶的双耳，龙体形长大，有花冠形角，回首反顾，两角竖起，躯干起伏，尾端上卷，身饰镂空鳞纹（**图六**）。壶颈正背面则各饰一夔龙形小兽。腹部四隅各附饰一立体小型飞龙，龙首亦曲颈回首，兽角翻卷，角端

分歧如花朵形，四肢向上攀附，肩生双翼，长尾卷曲（**图七**）。值得注意的是，这些有翼飞龙形象，是中国古代装饰艺术中最早的例证，开战国、两汉时期翼龙、翼兽形象之先河。圈足下有两条勾首顾盼的龙（虎）形怪兽，身饰鳞纹，弓身卷尾，有枝形角，侧首吐舌，似乎在倾其全力承托重器（**图八**）。壶体上所有附饰的龙和兽均呈向上攀缘的动势，相互应和，共同在观赏者视觉上造成壶身轻盈、灵动的感觉。

当然，方壶装饰最为出彩的部分，无疑是盖顶仰起的十组双层莲瓣和伫立中央的立鹤。仙鹤昂首而立，引颈欲鸣，双翼舒展，振翅欲飞（**图九**）。它们所展现的这种清新自由、生动活泼的意境，一扫前代装饰工艺肃穆刻板的风格，标志着中国装饰工艺的新开端。

图三　莲鹤方壶四面观

图四　壶身主体龙纹

图五　壶身侧面下腹纹饰

图六　壶颈龙形耳

图七　下腹四隅之翼龙

图八　足底龙（虎）形怪兽

图九　壶顶冠盖莲鹤特写

总之，莲鹤方壶设计唯美，庄重而不失典雅，神秘又充满灵动，大气磅礴，气宇轩昂，可谓青铜时代造型艺术的巅峰之作。郭沫若先生曾在其《新郑古器之一二考核》一文中专就莲鹤方壶进行了极富文学激情的描写：

> 此壶全身均浓重奇诡之传统花纹，予人以无名之压迫，几可窒息。乃于壶盖之周骈列莲瓣二层，以植物为图案，器在秦汉以前者，已为余所仅见之一例。而于莲瓣之中央复立一清新俊逸之白鹤，翔其双翅，单其一足，微隙其喙作欲鸣之状，余谓此乃时代精神之一象征也。此鹤初突破上古时代之鸿蒙，正踌躇满志，睥睨一切，践踏传统于其脚下，而欲作更高更远之飞翔。此正春秋初年由殷周半神话时代脱出时，一切社会情形及精神文化之一如实表现。[1]

二、传奇经历

说起国宝莲鹤方壶的出土，还有一段石破天惊、曲折离奇的故事。

1923年8月25日，在河南新郑县（今新郑市）南门外李家楼，因久旱无雨，乡绅李锐决定在自家菜园里凿井灌溉。让李锐没有想到的是，当他掘至三丈多深时，突然挖出了4件青铜器，次日又挖出数十件，于是他挑选了一件大鼎和两件中型鼎，卖给了许昌古董商人张庆麟，售价八百余金。新郑县知事姚延锦得知此事，劝李锐停止挖掘，李锐不从。

恰在此时，驻扎在郑州的北洋陆军第十四师师长靳云

鹗于9月1日巡防至新郑，听闻此事，派人告知李锐："钟鼎重器、尊彝宝物，为先民典型所寄，应该归于公家。"在枪杆子面前，李锐不得不"慨然允诺"，将其所得铜器23件、玉器2件、碎铜片53块交出，运往郑州暂存。为了不使文物散失，靳云鹗派人四处打听，将李锐卖出的 3 件铜鼎以原价购回，一并归公，统一保存（**图一〇**）。

图一〇　北洋陆军第十四师师长靳云鹗

此后，靳云鹗一面派员驰报洛阳巡阅使吴佩孚，一面命副

官陈国昌和参谋王灿章监督继续发掘。自9月5日始，副官陈国昌会同新郑县知事姚延锦带领数十名荷枪实弹的武装士兵进驻发掘工地，在他们的昼夜警戒和保护下对古墓进行了大规模发掘，靳云鹗也常常到发掘现场进行督察（图一一）。

图一一　1923 年新郑李家楼郑公大墓发掘现场

这是一座规模宏大、未经盗扰的双墓道大墓，墓深约10米，这在郑韩故城以后的发掘中也是为数不多的大墓之一。参加发掘的人员连同士兵和民工竟有百余人，墓室挖出的土堆积在墓室四周，如同一座座小山，把李锐家的菜园子全部覆盖了。当初想挖井灌溉的菜园子已面目全非，这是李锐当初无论如何也没有想到的。

墓室中的棺椁已经腐朽，由于破坏严重，棺中仅存几块墓主人的残骸。对于墓主人究竟是谁，当时并没有人关注，更吸引人的是墓室内堆放着的青铜器、美玉、珠宝、石雕等。

至10月5日，发掘终告结束，历时40天，共得铜鼎、圆壶、大方壶、编钟、镈钟等大型礼乐器百余件以及陶器、玉器、瓦当、瓷器、骨器等。其中莲鹤方壶器身一对

于9月5日出土，而其上的两件立鹤与器身分离，于9月9日方才出土，后经比对壶盖上的鹤爪遗痕，才得以复原。

发掘期间，围观者每天数以千计，将墓室四周围得水泄不通，甚至在阴雨霏霏的日子里仍不断有人前往观看。新郑李家楼大墓发掘之时，虽有教育部高丕基、北京历史博物馆裘善元、北大教授马衡及美国毕士博教授等专家在现场指导，但仍属于非科学性的发掘，由于缺乏考古知识，没有记录发掘的坑位与器物所在的位置，地层及墓葬形制也都不得而知。

实际上，新郑李家楼大墓发掘与科学考古只是擦肩而过，因为中国考古学的奠基人李济曾亲自到过发掘现场。1922年，李济从美国哈佛大学留学回国，在南开大学任教。1923年10月中旬，他得知新郑李家楼大墓发掘的消

息后，便与地质研究所的袁复礼在地质研究所所长丁文江的资助下一同赶到新郑，遗憾的是，这时挖掘工作已近尾声，他们只是在墓穴中采集到一些人肢骨和零星的碎铜片。他们本来想多逗留几日，做一些地层学的解剖和勘察，然而突然传来土匪袭扰的消息，他们被迫离去。之后，李济根据他对新郑人骨的研究，撰写了《新郑的骨》一文，以英文发表在国外的学术刊物上。

新郑铜器出土后，立即在全国引起广泛关注，上至北洋军政府，下及河南、北京、天津、湖北、湖南、陕西等地军政要人，皆纷纷致电、致函靳云鹗，称颂其保护古代文化、将所有文物全部归公的义举。其中，北洋军政府教育部历史博物馆、北京大学等机构均致函靳氏，提出了收藏这批文物的要求。而作为这批文物出土地的河南地方，

更占有地利与人和优势。吴佩孚多次电令靳云鹗："此次发见各古物，俟挖掘净尽后，请即派妥员并责成县知事，尽数运交督、省两长，教育厅，转付古物保存处什袭珍藏，永垂纪念。""所有新郑县先后掘出之古物，应悉数运送汴垣，妥为保存。"此外，时任河南省督理张福来、省长张凤台、河南省议会及河南地方官绅、民众，对由本省收藏新郑出土器物，都表现出极大的热忱。经上下共同努力，终于在10月17日，靳云鹗派员将挖出的古物统统装车，武装押运到省城开封，交由河南古物保存所收藏（图一二）。

文物运抵开封时，城里城外张灯结彩，男女老少沿途欢迎，气氛异常热烈。河南古物保存所所长何日章郑重其事地接收了文物。河南古物保存所就是现在河南博物院的

图一二　监运新郑文物赴汴官员

前身，包括莲鹤方壶在内的新郑李家楼大墓出土文物，也成为河南博物院的首批收藏。

事后，靳云鹗在发掘地点立石碑一通，以示纪念，碑名为“河南新郑古器出土纪念之碑”，其文如下：

华夏为文物古邦，开化最早，凡夫礼器之制作，在秦汉以前已灿然其美备。而乃宗社丘墟，故宫禾黍，运会递嬗，时世变迁，致三代法物，不免有铜

驼卧棘、铁戟沉沙之叹。征诸典册，虽历朝以来时有出土，然一鼎一爵，视为祯祥，赞颂咏歌，每极一时之盛。矧今河南新郑古器出土之多乃至百数十事，蔚为空前绝后之大观，诚国家之庥瑞，有足纪者。盖中华民国十有二年八月二十五日，新郑邑绅李君锐，于县治城南门内（即其宅之东南隅）凿井掘地，发见周时钟鼎。云鹗适查防至此，闻其事，以古物出土关系国粹保存之责，应归公家，驰报洛阳巡使蓬莱吴公。奉命遣员会同县绅继续监掘，运汴保管。李绅深明大义，慨然允诺，备畚从事者阅四十日，而宝藏尽焉。以监护周至，片铜寸瓦，幸未散佚。当运至汴垣，时仕女来观者，空巷塞途。国徽灿烂与古器斑斓相辉映，识者咸啧啧称美，谓为郑国宴享祭祀之器。云鹗

博考古籍，比拟形制，编有图志三卷，将来纂入县乘，足资考证，特再刻石纪事，立碑其处，俾后之览者，知神物数千年蕴藏地之所在，春秋佳日，觞咏其间，未始非为新郑县邑增一名胜，多一韵事，岂第纪念云尔哉！中华民国十有二年双十令节，任城靳云鹗谨撰，古吴蒋鸿元谨书。

不过，新郑出土的古器物并非如碑文所述已全部归公，狡猾的李锐还是藏匿了不少器物，并于几年后转售于市场。1925年2月，河南督办胡景翼在开封城隍庙后街王氏住宅又搜查出铜鼎4件，河南古物保存所所长何日章后来又特访李锐，复寻得兽牙1颗、下颌骨1块、颅顶骨数块。此外，开封王氏还藏匿甬钟1件未能搜出。1927年，此器因讼案为河南省司法厅没收，经何日章极力交涉，终

归入河南古物保存所。至此，河南古物保存所保存的新郑李家楼大墓出土铜器已有100余件，但还不是全部的器物。根据近年专家们对李家楼大墓青铜器组合的研究，仍有一些器物已经失落。

20世纪二三十年代，由于政局动荡、军阀混战，盗掘古墓活动非常猖獗，文物流失海外屡见不鲜。如1923年2月底，在山西浑源李峪村，有人盗挖了一处春秋战国之际的古墓群，出土了许多青铜器，其中的大多数流散到法国等地。1925—1926年，陕西军阀党玉琨在宝鸡斗鸡台戴家沟盗掘西周早期墓葬群，将所得大量青铜器等倒卖以牟利，其中多数珍贵文物已流散到欧美。1928—1930年，河南洛阳金村一批战国墓葬被人盗掘，所出青铜器等文物迅即流散国外，现多收藏于加拿大、日本等地。1931年，河

南浚县辛村西周卫国墓地被盗掘，许多青铜器被倒卖到欧美。1933年，安徽寿县李三孤堆楚王大墓被盗，出土文物“精者多隐藏售去，而粗者始归公家”[2]。

对比以上案例，相对于党玉琨等人，同是军阀出身的靳云鹗，不仅制止了乡绅李锐的盗掘行为，回购了已经被其私自售出的铜器，并将所有发掘所得文物完好保存，一介不取，尽归公家，实在是难能可贵，功德无量。在那个年代，一座大墓的器物能够集中收藏，尚属首次。在开封的河南古物保存所，因而成为全国著名的博物馆。

新郑李家楼大墓出土文物运到开封后，著名金石学家罗振玉推荐山东的两位技师将破碎的大部分铜器进行了修复。根据壶盖上的鹤爪痕迹，莲鹤方壶的壶身和其上的立鹤得以复原合璧，展现出其绰约风姿。以当时的河南省

博物馆馆长关百益先生为代表的一批专家学者，对这批文物进行了初步的研究和著录，出版了四部有关的专著和图录，一时声名鹊起，时人称之为“新郑彝器”（图一三）。

然而，天有不测风云。1937年7月7日，爆发了震惊中外的卢沟桥事变，日本军国主义悍然发动了全面侵华战

图一三　新郑铜器考订编辑人员王幼侨（前排中）、蒋鸿元（前排右一）等

争，华北各地相继沦陷。危急时刻，经河南省政府同意，河南省博物馆选取包括新郑彝器在内的部分馆藏文物，分装为68箱，由省政府委员凌孝芬、河南省博物馆保存部主任赵惜时、雷荫堂率保安队十余人，押送古物由开封西行，经郑州南下，越三日运抵武汉，暂存法租界内。又通过国民政府外交部函照法国驻武汉总领事，请其对暂存租界的豫省古物加以保护。然而形势急转直下，1937年8月，日寇又大举进攻上海，南京形势危急。至同年11月16日，国民政府遂决定迁都重庆，中央古物随后陆续运入四川。不久，南京及华东各地相继失守。河南省博物馆深感暂存在武汉法租界的文物已无安全保障，几经商议，河南省政府再次决定，将文物运入四川。1938年10月7日，河南文物在赵惜时等人的护送下，告别武汉，准备运往重

庆。但是到了宜昌后，由于当时宜昌所有的轮船全部被军管，只能运输军事物资，一时难以找到运输文物的船只。前有天险，后有追兵，工作人员心急如焚，四处求助，后在各方有识之士的帮助下找到了一艘船，经过54个昼夜的航行，河南文物终于到达了重庆。

另一方面，1938年9月，河南省政府委派胡石青、郭豫才、曲兴云等赴重庆，寻觅文物存放地点。几经周折，终于在11月7日得中央大学同意租借磁器口之校舍为储存豫省古物之所。11月25日，河南文物抵达重庆，次日转运至磁器口中央大学校舍。中央大学校长罗家伦向河南省博物馆声明，豫省存渝古物“将与本校财产同等看待”。抗战期间，豫省存渝古物一直存放于此。

1945年抗战胜利，但和平并没有来临。不久，内战烽

烟又起，铁路中断，交通阻隔，河南存渝古物一直没有回归的机会。世事变化如沧海桑田，内战打了三年，国民党的失败已成定局。1949年11月，在重庆被攻克的前两日，国民党政府指示："速将河南存渝古物运存台湾，行政院分令教育部、河南省政府遵照办理。"但是由于战局迅速发展，这个计划被打破了。

文物起运当天，由于运输工具有限，河南省博物馆负责监护文物的张克明和裴明相决定分两批将文物运送机场，由张克明带38箱文物率先离开，而裴明相将剩下的30箱文物运到重庆朝天门码头准备转运机场时，却等不到人来接。此时黑帮的人已经盯上了这批箱子，恐惧之下，裴明相找到重庆大学的教授，请他帮忙组织了200名学生，日夜看护了两天后，终于等来了解放军。原来，11月30日

那天，由张克明押送的38箱文物被装上两架飞机运到了台湾，当天，人民解放军占领了重庆机场，包括莲鹤方壶在内的30箱文物来不及运走，被留在了重庆。

1950年8月，根据河南省人民政府的指令，河南省文物保管委员会代表赵全嘏，会同文化部代表唐兰、卢少忱共赴重庆，接收河南省博物馆存渝古物。其间，唐、卢二人代表文化部，挑取河南存渝古物中之新郑、辉县两地出土的青铜器51件调往北京，后分别为故宫博物院和中国历史博物馆（中国国家博物馆前身）收藏。莲鹤方壶中的一只被调往北京，保存在故宫博物院，另外一只被运回河南，入藏河南省博物馆。如今，写有“中国人民解放军重庆市军事管制委员会”打箱封条的文物箱，还完好地保存在河南博物院里，见证了河南文物这一段艰难曲

折、惊险交加的南迁历史（**图一四**）。被运往台湾的部分新郑李家楼大墓出土文物，如今保存在台北“国立”历史博物馆中。

图一四　写有“中国人民解放军重庆市军事管制委员会”打箱封条的文物箱

三、墓主疑年

1923年新郑李家楼大墓的发掘，可以说是郑韩故城考古的发轫。郑韩故城是东周时期郑国和韩国的都城遗址，位于河南省新郑市区，坐落在双洎河与黄水河交汇处，原为郑国都城。据文献记载，郑始封君名友，为周厉王少子，周宣王庶弟，西周末，宣王封之于郑，初在近畿之棫林（今陕西凤翔南），后适拾（今陕西渭南市华州区西北）。平王东迁，郑徙于济西、洛东、河南、颍北四水之间，是为新郑，即今河南新郑。公元前375年韩兼并郑国，迁都于郑，又成为韩的都城，直至公元前230年秦灭韩。城址略呈不规则长方形，东西长约5000米，南北长约

4500米，中部有一道南北向的隔墙，将故城分为西城和东城两大部分。故城的城墙先后经过春秋和战国两个历史时期的构筑，通过数十年来对城垣的调查和发掘，可以发现城墙现存状况较好，许多地段墙高都在10—19米之间（**图一五**），这样的夯土城垣在东周列国都城中十分罕见。故

图一五　郑韩故城东城墙

城西城内的中北部一带分布着比较密集的夯土建筑基址，据粗略统计，夯土建筑基址有一千余处。在这片建筑基址区的南部，即西城城内的中部，有一座规模较小的城址，可能是宫城遗迹。宫城址略呈长方形，东西长约500米，南北宽约320米，已发现北门和西门的遗迹。宫殿区的西北部有冷藏食品的“凌阴”遗址。东城内分布有粮窖、埋藏青铜器的祭祀坑、铸铜作坊、制骨作坊、制陶作坊、铸铁作坊等遗迹。城址内外有春秋战国时期墓葬。1961年，郑韩故城被国务院公布为第一批全国重点文物保护单位（图一六）。

李家楼大墓就位于郑韩故城西城的东南部，新郑在春秋时为郑国国都，战国时成为韩国国都，在新郑出土的春秋时代铜器，当属郑器。据统计，新郑李家楼郑公大墓出

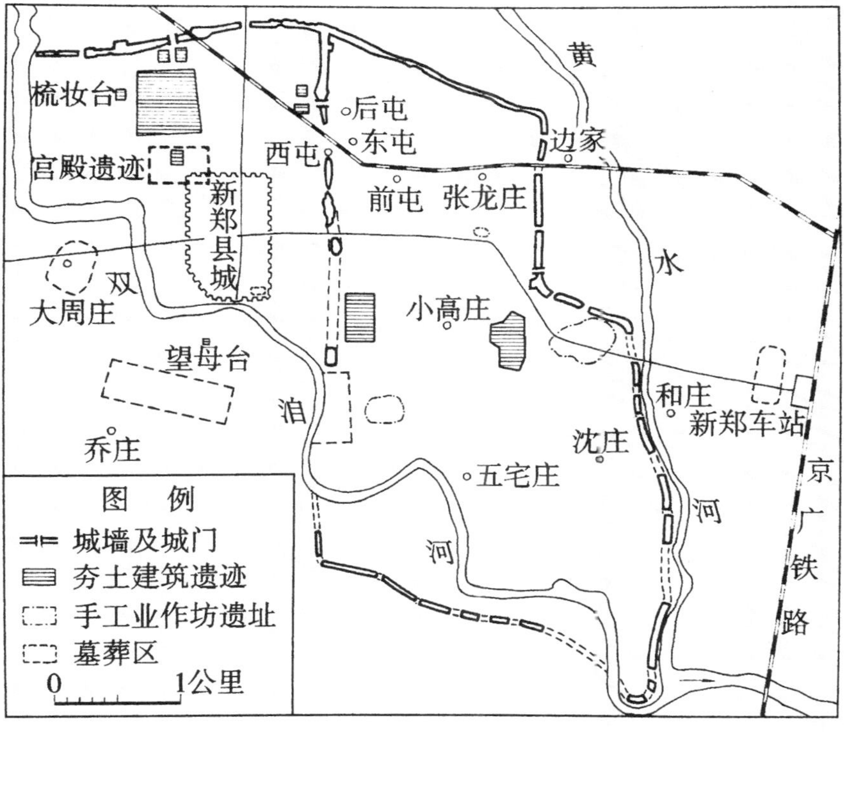

梳妆台
宫殿遗迹
后屯
东屯
西屯
边家
黄
新郑县城
前屯
张龙庄
水
双
大周庄
小高庄
望母台
洧
和庄
新郑车站
沈庄
乔庄
五宅庄
京广铁路
河
河

图　例
城墙及城门
夯土建筑遗迹
手工业作坊遗址
墓葬区
0　1公里

图一六　郑韩故城平面图（《中国考古学大辞典》）

土者仅青铜器就有曲耳鼎、沿耳鼎、盖鼎、鬲、甗、簋、簠、盏、盦、方壶、圆壶、罍、虎形觥、浴缶、盘、匜、鉴、编镈、编钟等，共计102件，皇皇巨制，蔚为大观（**图一七、图一八**）。而从随葬器物的组合关系看，铜器中有曲耳鼎为列鼎，一套9件（其中1件缺失），簋8件，符合春秋时代国君九鼎八簋的礼仪规制。因此可以确定李家楼大墓为一代郑公之墓。

然而，以莲鹤方壶为代表的新郑彝器，虽然是有组织的发掘，但由于缺乏考古学运作的方法，所以还不是真正意义上的科学考古发掘，加之出土器物中可资断代研究的铭文资料极少，仅一件铜方炉“王子婴次炉”上有七字铭文（**图一九**）。因此，如何确定这批器物的年代，成了学术界早期研究的难题。经过近一个世纪的研究，对于新郑

器群的相对年代，学术界已经取得一致意见，然而对于大墓的绝对年代，也就是大墓的墓主问题，仍然存在不同看法。

1924年，即新郑彝器出土后次年，国学大师王国维在《王子婴次卢跋》一文中首先提出："新郑所出铜器数百事，皆无文字，独有一器长方而挫角者，有铭七字，曰：'王子婴次之□卢。'余谓'婴次'即'婴齐'，乃楚令尹子重之遗器也。……古人以'婴齐'名者不止一人，独楚令尹子重为庄王弟，故《春秋》书'公子婴齐'，自楚人言之则为'王子婴齐'矣。子重之器何以出自新郑？盖鄢陵之役，楚师宵遁，故遗是器于郑地。此器品质制作，与同时所出他器不类，亦其一证。然则新郑之墓当葬于鲁成十六年鄢陵战役后，乃成公以下之坟墓矣。"[3]鲁成公

1　2　3　4　5　6

图一七　新郑李家楼郑公大墓出土部分青铜器

1. 蟠虺纹曲耳鼎；2. 蟠蛇纹沿耳鼎；3. 蟠螭纹盖鼎；4. 窃曲纹簋；5. 蟠蛇纹罍；6. 夔龙纹鬲

1

2

图一八　新郑李家楼郑公大墓出土部分青铜器
1. 龙耳方壶；2. 夔龙纹镈钟

图一九　王子婴次炉及铭文拓片

十六年即公元前575年。1932年，郭沫若先生在《新郑古器之一二考核》一文中提出了不同看法。他认为“王子婴齐”乃是郑子婴，“新郑之墓当成于鲁庄公十四年（公元前六八〇年）后之三五年间……而王子婴次卢之制作必当在郑子尚为公子之时，故至迟亦当作于鲁庄公元年”[4]。这一观点比王说早了一百年。王、郭两说及其支持者争论日久，难有定论。1940年，容庚在《商周彝器通考》中列举郑未称王等五证，以反驳郭说，支持王说。杨树达认同容庚的观点，指出独楚称王，而郑为伯爵，诸子皆称公子，婴齐若为郑人，不会称王子，遂否定郑子婴之说，但对于王氏以为王子婴次炉为鄢陵战役后遗于郑地之说，则并不认同。此外，又有论者认为李家楼大墓的年代应晚至战国时期[5]。

到了20世纪60年代，随着各地考古工作的开展，可资比较的墓葬材料日渐增多。学者们注重从器群的组合、形制、花纹诸特征进行比较研究，以确定新郑李家楼大墓铜器群的相对年代。尤其是山西侯马上马村墓地发掘之后，著名考古学家郭宝钧先生研究发现，其中的13号墓所出铜器，与新郑李家楼大墓出土铜器形制非常接近，而上马村13号墓的年代不可能早到春秋早期，应是春秋中晚期之际，从而否定了郑子婴说及战国说[6]。邹衡在《商周考古》一书中，认为新郑器群应该属于春秋中期，并同意王国维先生“王子婴次”为“楚令尹子重”之说。高明的《中原地区东周时代青铜礼器研究》一文与朱凤瀚的《古代中国青铜器》，都把新郑青铜器的年代定为春秋中期偏晚。

综上所述，目前学术界对李家楼大墓所出铜器的相对年代看法趋于一致，即春秋中期偏晚阶段，而王国维首倡的“王子婴次”为“楚令尹子重”之说则成定论。然而，春秋中期晚段仍是一个较长的历史时段，卒于该时段的郑君有郑穆公兰（卒于前606年）、郑灵公夷（卒于前605年）、郑襄公坚（卒于前587年）、郑悼公沸（卒于前585年）、郑成公睔（卒于前571年）、郑釐公恽（卒于前566年）。

那么，李家楼大墓的墓主究竟是其中的哪一位郑国国君呢？王国维所说的“乃成公以下之坟墓矣”显得过于笼统。李学勤主张墓主最有可能为郑成公或郑釐公[7]，也还不够明确。赵世纲则断为郑成公[8]。但也有学者认为以郑灵公为该大墓墓主的可能性最大，理由有两点：其一，其

卒年与新郑李家楼大墓时代最接近。《左传·宣公四年》记郑灵公元年楚人献龟给灵公，子公因灵公弗与之食龟，怒而染指于鼎激怒灵公，子公惧灵公杀己，先与子家谋而于当年夏弑灵公。其二，改葬之具体史实及地点与新郑李家楼大墓相合。《左传·宣公十年》："郑子家卒。郑人讨幽公之乱，斫子家之棺，而逐其族。改葬幽公，谥之曰'灵'。"据此可知，灵公被臣所弑，六年后，郑人斫子家之棺而改葬灵公。由此看来被弑六年后而改葬的灵公之墓不会再入郑国之公墓区。这也可以解释为何只有一个郑伯葬于李家楼[9]。

赵化成认为，郑灵公在位仅一年即被弑，不大可能有条件制作如此之多的青铜重器。一般来说，被弑之君葬埋多草率，即便改葬，也不会有如此规格。至于灵公之墓不

入郑国之公墓区则有可能，但恐怕不具备资格和理由葬于宫城范围之内的李家楼处。他提出李家楼大墓墓主应是郑襄公，其理由有以下几点：首先，从春秋战国时期都城与陵墓关系来看，春秋时期列国国君大墓一般都有较集中的公墓区，而这种公墓区的分布大致有两种情况：一是分布在都城城外附近，如春秋秦公墓区位于秦都雍城城外西南一带；二是位于都城的郭城之中，如临淄齐故城分为大、小二城，小城为宫城，在大城（郭城）西南隅，而姜齐公墓区则在大城（郭城）东北部的河崖头村一带。战国时期列国国君大墓多移至城外。郑韩故城的城郭形态与临淄齐故城相似，由西城和东城两部分相连组成，西城为宫城，东城为郭城。郑国公墓区与临淄齐故城也相似，从近年的钻探和发掘看，东城西南部的后端湾村一带当为郑国国君

及贵族的公墓区。然而，李家楼大墓位于西城东南部，也就是宫城之内，在春秋时期的列国中罕有其例。郑韩故城的西城经考古工作者多年较详细的勘探，李家楼大墓是唯一发现的一座郑国国君大墓。也就是说，这座大墓必定是在极特殊的情况下，才脱离郑国公墓区而单独葬于宫城之内。那么，谁最有可能葬于这里呢？在春秋中期晚段曾有一次战争差点使郑国灭国，这就是郑襄公八年（前597年）楚庄王率军攻陷郑都的一次战役。《左传·宣公十二年》记载："十二年春，楚子围郑。……三月，克之。入自皇门，至于逵路。郑伯肉袒牵羊以逆……王曰：'其君能下人，必能信用其民矣，庸可几乎？'退三十里而许之平。潘尫入盟，子良出质。"此次楚伐郑之战，楚国大军已攻入郑都郭城之内，不难想象这对于郑襄公的震撼

有多大。其实，在此战之前的郑襄公元年、五年，楚国就曾两度伐郑。在其后，郑因与楚国结盟，郑襄公十年又遭晋国讨伐。郑国处于楚、晋两大霸主夹缝中生存，其难可知。在这种情形下，郑襄公将其葬地选择在感觉更为安全的宫城之内，而离开郭城内的公墓区则完全是有可能的。此外，据《公羊传》记载，郑襄公八年楚侵郑之战及接连发生的晋楚邲之战，楚将军子重均参加战役，并屡次向楚庄王进谏。但此时的子重可能还未担任令尹之职。如所周知，“王子婴次燎卢”从形制到自铭，都表明属于烤火取暖用器。文献记载郑襄公八年楚侵郑之战发生在春季，南郢与郑相去甚远，从楚都出发时，天气应比较寒冷，行军打仗需要携带取暖的燎炉一类。“王子婴次燎卢”并非礼器那样贵重，或因战事匆忙而遗失于郑地，或为郑所缴

获，这两种可能性都是存在的。总之，新郑李家楼大墓的墓主为郑襄公的可能性较大。郑襄公在位十七年，有条件制作大批青铜重器，也有资格使用诸侯最高级别礼制的待遇。郑襄公卒于公元前587年，即为该墓的绝对年代，铜器群制作当早于下葬年代[10]。

在最近发表的《新郑李家楼青铜器钩沉》[11]中，作者指出，2006年，郑韩故城工作站在城南发掘了一座大墓，编号M1，其墓口南北长25米，东西宽21米，深9米。墓室中为三重棺椁，椁室外有积石，结构非常复杂。西侧不远处有长18米、宽7米、深5米的车马附葬坑，葬车22辆。从其气派和规模看，一定是一座郑国国君大墓。李家楼大墓与其相比规模显然小得多，而且李家楼大墓也没有附葬的车马坑，但是李家楼大墓从随葬器物来看，毫无疑问也应

该为国君级别，而它们的规模和葬制相去甚远，这不禁使人产生疑虑和思考。因此他认为，这种前后矛盾的葬制，说明李家楼大墓应当是一位非正常死亡的国君之墓。《史记·郑世家》记载：“成公卒，子恽立，是为鳌公（《左传》称鳌公为僖公），鳌公五年，郑相子驷朝鳌公，鳌公不礼。子驷怒，使厨人药杀鳌公，赴诸侯曰‘鳌公暴病卒’。”鳌公被子驷杀害以后，子驷为了掩人耳目，便以隆重的葬礼厚葬了他，然而并非出于真心，所以在墓葬的规模与陪葬的定制上都表现出仓促和敷衍的痕迹，显然有别于其他的国君墓。

此外，还有学者提出，郑成公卒于公元前571年，而王子婴次卒于楚共王二十一年（前570年），因此，王子婴次炉的年代下限可能到公元前570年。而此时，郑成公

已逝去一年了，已经长满荒草的坟冢何以再带入生者所作之器？其次，郑成公在位的十四年间，郑国内忧外患极频，除郑成公五、六两年无记载外，其余有记载者年年都有乱事。在这样极度混乱、国力极度衰弱的背景下，郑成公是否有实力以如此规模的青铜器入葬，实在可疑。成公之后，郑僖公在位只五年，且是弱君，为子驷所杀，亦不能与新郑器群之规模相称。僖公之后，郑简公即位，起用子产相郑执政，二十余年间采取两亲晋楚的政策，大部分时间无外乱侵扰，国内也相对稳定，才有时间休养生息，积蓄力量和财富。从国势的角度来看，只有郑简公在位之时的郑国国力，才能与新郑器群之规模相匹配，而且也能包容王子婴次炉的年代下限。如果这样的推测成立，则新郑器群的墓主当为郑简公，其年代下限当为公元前530

年。不过，学者最后特别声明，这一说法只是提出一种可能性，而坚持这一说法的证据尚不够充分。比较接近正确的结论应该是：墓主有郑成公和郑简公两种可能，其年代的上限不早于公元前571年，下限不晚于公元前530年[12]。

我们更倾向于墓主为郑成公，这是因为郑成公与王子婴次为同时代人，两人前后去世仅相差一年，故所谓郑成公卒年与王子婴次炉制作时间下限的时间差，几乎可以忽略不计，且两人生前交往频繁，因此王子婴次炉出现在郑成公的墓中是最为合理的。郑成公（前584年—前571年在位）名睔，郑襄公之子，郑悼公之弟。郑成公早在即位之前，就曾在郑悼公元年（前586年）出使楚国，被楚扣留，因与楚将子反私交甚笃，子反建议楚共王将其放回郑国。次年，郑悼公卒，成公立。楚共王因郑国依附晋国的

缘故，派子重（即王子婴齐）伐郑。郑成公元年，楚派子重进攻郑国，晋、齐、宋、卫等出兵救郑。郑成公三年二月，楚共王认为自己有恩于郑成公，便派人以重金贿赂郑国。郑成公和楚国的公子成在邓地相会，暗中与楚国订立盟约。同年秋天，郑成公朝见晋景公，景公为惩罚郑成公私自与楚国结盟，扣留了郑成公，而后派栾书率军攻打郑国。而楚国的子重则率军攻陈而救郑。郑成公四年，晋厉公继位，会合诸侯进攻郑国。郑国的子罕把郑襄公宗庙中的钟赠送给晋国，子然和诸侯在修泽结盟，子驷作为人质，终于使晋国于五月将郑成公释放回国。郑成公九年，楚国出兵侵犯郑国，而郑国则派子罕入侵楚国。郑成公十年，郑国背弃与晋国的盟约，与楚国结盟。晋厉公大怒，率军讨伐郑国。而楚共王也御驾亲征，与子重等率大军救

援郑国。晋军与楚军在鄢陵展开大战，史称鄢陵之战。楚军战败，楚共王被晋军射中眼睛。郑成公十三年，晋悼公伐郑，郑国坚守退敌。郑成公十四年，卒。

综观郑成公一生，其在晋楚两国间艰于周旋，主观上应更倾向于与楚国结盟，且与楚共王及楚臣子反、子重等私交更密，以至于屡次背晋而盟楚。郑成公在与楚国君臣的交往中，得到王子婴次炉等楚国青铜器，并于死后随葬，也就在情理之中了。

四、器形源流

莲鹤方壶是新郑彝器中最耀眼的明星，其器形之渊源及流变，值得我们探究。

方壶在西周晚期至战国早期之间较为流行。其祖形可追溯到西周晚期的颂壶。颂壶传早年在陕西出土，为清宫旧藏，初为一对，今分藏中国国家博物馆和台北“故宫博物院”。该壶长颈垂腹，两兽耳衔环，颈肩处饰波曲纹，壶腹四面各饰一组蟠龙纹，龙首凸起，高圈足上饰垂鳞纹（图二〇）。类似造型的方壶在三门峡上村岭虢国墓地也可见到。1968年，在郑韩故城的后端湾曾出土两件铜方壶，与颂壶极为相似而稍显修长，应是春秋初年之物。

莲鹤方壶的壶体造型与西周晚期方壶大体近似，所创新者，在于器顶之莲鹤与器体附着的雕饰物。莲盖壶的起源可追溯到西周晚期。传1940年出土于陕西扶风的梁其方壶（**图二一**），其主题花纹为夔龙纹，盖顶以一周立体的环带纹为饰，看上去颇似后来之莲瓣[13]。1969年出土于湖北京山苏家垄的曾仲斿父壶（**图二二**）以及传世的曾伯陭壶，亦作如此造型，容庚直称这种立体环带纹饰物为“莲瓣形”[14]。1992年，山西侯马之天马-曲村晋侯墓地M8出土两件晋侯方壶，其主题花纹为一首二身之龙形纹，与颂壶接近，盖上亦有与莲瓣接近的立体环带纹饰物[15]。这种立体环带纹饰物与莲瓣的造型非常接近，就风格来说几乎是完全一致的。

以鸟入饰青铜器虽然起源甚早，但在西周晚期以鸟为

器顶饰，似乎是晋国青铜器的风尚。天马–曲村晋侯墓地63号墓出土的一件方座人足筒形器的器盖上以一立鸟为饰（**图二三**），62号墓出土的一件圆壶盖顶亦有一只立鸟，31号墓出土的一件盉盖顶也以立鸟为饰[16]。而同时期与之相毗邻的虢国墓出土的同类器物上，则无一以立鸟为饰，他处所见之西周晚期青铜器，也罕见以鸟为器顶饰者。因此，可将鸟形顶饰视为西周晚期晋国铜器的一种风格。

当鸟形顶饰与莲瓣形相结合时，必然会产生莲鹤这样的造型。从莲鹤方壶的造型和花纹特征来看，大约受到三方面因素影响：其一是传统的周文化的因素，从颂壶直到新郑金城路所出的方壶再到莲鹤方壶，壶体的主题花纹都是一首二身的龙形纹，而莲瓣正是从西周青铜器的立体环带纹饰物演化而来；其二是晋文化的因素，壶顶的立鹤，

显然受到西周晚期晋国青铜器鸟形顶饰的影响；其三是楚文化的因素，壶身两侧所附的龙形耳和壶底的虎形足与同墓所出的龙耳虎足方壶相似，与河南淅川下寺楚墓、安徽寿县蔡侯墓所出之龙耳虎足方壶亦相似，应是受后者影响所致。

莲鹤方壶的莲瓣形造型，在后期的器物中仍得到延续。1979年新郑李家村一座春秋晚期墓葬中所见的彩绘莲花瓣陶豆[17]，显然是对这种风格的继承。非但如此，莲鹤方壶独特的造型风格对周围的文化也产生了强烈的影响。在南边，1955年安徽寿县蔡侯墓出土的蔡侯申方壶之壶盖便作莲瓣式样（**图二四**），同墓出土的簠盖顶部也作莲瓣形；河南信阳长台关2号墓出土一件漆木器盖之“钮由六个莲瓣组成，每个莲瓣上绘变形饕餮兽面”[18]。湖北随县

图二〇　颂壶

图二一　梁其方壶

图二二　曾仲斿父壶

图二三　立鸟人足筒形器

（今随州市）曾侯乙墓出土的一件方座簋，其盖顶亦作莲瓣形[19]；湖北江陵望山战国中期之1号墓出土的陶方壶，“盖顶镂空成外侈的莲瓣状”[20]。可见，其影响所及，向南已到楚文化之区域内。在北边，莲瓣形顶饰的造型更为普遍。1935年出土于河南汲县（今卫辉市）山彪镇1号墓的华盖壶和华盖立鸟壶[21]，1935年山西浑源出土之蟠螭纹莲盖壶[22]，1963年山西侯马上马村15号墓出土的莲花盖壶[23]，1935年出土于河南辉县的两件禺邗王壶[24]，1987年出土于太原金胜村晋赵卿墓的四件铜方壶，1974年出土于山西长治分水岭269号墓的两件带纹方壶和270号墓的两件蟠虺纹方壶，传1930年出土于洛阳金村的令狐君嗣子壶[25]，其壶顶均采用了莲瓣形造型，而河南汲县山彪镇1号墓所出之莲盖立鸟壶（**图二五**），更与莲鹤方壶的风格

图二四　蔡侯申方壶

图二五　汲县山彪镇 1 号墓出土莲盖立鸟壶及壶盖特写

如出一辙。陶器的造型也颇受影响，1954年长治分水岭10号墓（战国时期）出土的一件陶壶冠以莲瓣[26]，1951年河南辉县固围村5号墓出土之陶豆（M5:24）亦然[27]。最北边的一例，是1964年出土于河北易县燕下都的一件战国中期的陶方壶，其壶盖顶部也吸收了莲瓣形造型[28]。

不仅是莲鹤方壶呈现出文化因素的多元性，从整个新郑器群来看，同样表现出多元融合的特征。综观新郑器群有以下一些特点：1.饪食器以鼎、鬲、甗为组配，显然承袭了西周晚期以来的传统，并将这种传统延续至春秋战国之际。2.盛食器以簋、簠为组配，上承西周晚期之习俗，下启春秋晚期至战国早期之作风。而以盦为盛食器组配，则来自春秋早期的作风。以盏为组配，则与春秋晚期之楚器组合作风相同。3.酒器以方壶、圆壶、罍、舟等为组

配。方壶和圆壶相配在西周晚期业已有之，但随后直到春秋、战国之际，圆壶似不甚流行，所见者唯新郑所出之郑器有之。方壶一般以两件为常见，且形制与大小皆相近。而新郑器群之方壶有四件且明显区分为两种形式，其中之龙耳虎足方壶显然与楚系青铜器之方壶相近，应是吸收了楚式器物组配所致。4.盥洗器以鉴、浴缶、盘、匜为组配。盘和匜乃西周晚期之器物组合，春秋时期仍因袭之；鉴乃继承中原春秋早中期之器物组合；浴缶明显为吸收春秋晚期楚系器物为组配。通过以上比较分析，可知新郑器群在主要器物组合方面有三大特色：其一，保留了西周晚期文化的正统地位，西周晚期的器物组合在新郑器群中基本都得到了继承；其二，吸收了春秋早期文化的因素，如春秋早期之盦、舟、罍等器物也同样包含在新郑器群的

组合之中；其三，吸收了已经形成的楚文化的部分因素，如盏、龙耳虎足方壶、浴缶等皆为楚系青铜器之器物。器群中的王子婴次炉，根据其铭文，可知亦为楚器。综合来看，新郑器群的文化因素是多元的，这种现象正与郑国在东周之地位相吻合。郑本姬周宗亲获封，东周初年迁于新郑，且仍为周王室卿士，西周文化自然为其根本所系。所以，其继承西周晚期文化的传统是必然的。但东周时期，周王室已经衰微，虽然传统文化仍有很深的影响，但列国文化已滥觞。郑国处于诸侯交通往来之要冲，且北有强晋，南有劲楚，因此其接受列国文化之影响也是必然的。

新郑器群之器物形态，前人归为旧制与新制两类。所谓旧制，其实是指新郑器群所继承的西周晚期以来的作风，例如沿耳鼎、鬲、甗、簠、圆壶诸器，其形态明显承

袭西周晚期之造型风格，局部有稍许改变。部分花纹如窃曲纹、夔龙纹、瓦纹、重环纹、环带纹等亦是西周晚期所流行的。所谓新制，则是在此之前所未曾见到的风格。根据各器之形态，此又可分局部新制和全新制两类。局部新制者，如曲耳鼎，当由西周晚期之附耳鼎发展而来，但耳曲、腹深、足矮，显然不同于以前之附耳鼎。又如盖鼎，此前则较罕见。花纹则由西周晚期的粗放风格转化为较细致繁缛的蟠虺纹、蟠螭纹，或单体，或双体，或多体交缠。而所谓全新制者，则是器物形态的根本改变，其典型者，正以莲鹤方壶和龙耳虎足方壶为代表。

正因为这样，李家楼青铜器还使人们第一次发现在一群器物内部新旧风格的并存同在。李家楼大墓和上马村13号墓之类同时期墓一样，都有新旧风格重叠的情形，这些

不是前代器物的遗留，而只能是当时风格处于过渡阶段的必然结果。容庚先生已意识到这一点，他在《商周彝器通考》中说：“遍观各器形制花纹，鬲与簠尚承西周厉宣之旧制，而有盖鼎、蟠虺壶等实开寿州出土战国时诸器之先声。意诸器时代约在春秋中叶以后。”

以莲鹤方壶为代表的新郑彝器，向我们展现了郑国青铜器的特征。读过《春秋》经传的人都知道，当时的郑国居于晋、楚两大国之间，朝晋暮楚，在夹缝中求生存，形势十分艰难。春秋中期以后，中原之晋，南方之楚，在文化上也各自形成中心，这也明显影响到青铜器。李家楼郑公大墓出土的青铜器，既有接近晋墓器物的中原色调，又有接近楚墓器物的楚文化因素。可以说，它是中原文化南传和楚文化北渐的第一驿站。

楚地浪漫的风格，使许多受这种风格影响的器物都具有了一种流动、飞扬的韵致，这种韵致与中原商周青铜器的肃穆、威严不同，洋溢着一种运动的生命力，反映在艺术造型上，则表现出一种飞扬升腾的美感。这件莲鹤方壶正是东周这一艺术风格转变时期的代表作品。

五、时代精神

莲鹤方壶遍饰于器身上下的各种附加装饰，不仅造成异常瑰丽的装饰效果，而且反映了青铜器艺术在春秋时期审美观念的重要变化。郭沫若先生指出：莲鹤方壶的艺术风格已迥然有别于殷商、西周，在盖顶莲瓣中心立一张翅之鹤，全然超出了西周以上神秘凝重的氛围，显露出清新的气息。郭沫若先生以极富文采的语言，称道“此鹤初突破上古时代之鸿蒙，正踌躇满志，睥睨一切，践踏传统于其脚下，而欲作更高更远之飞翔”。可以看出，他这里所描述的，既是指莲上之鹤，又归纳了春秋时代青铜礼器之总的风格与趋向。当此之时，旧的礼制迅速崩溃，新的观

念正在形成。表现在青铜艺术上，也正在开创一代新风，所以郭沫若先生说莲鹤方壶“乃时代精神之一象征”，标志着中国艺术风格的一个新的开端。

春秋战国时期，意识形态领域空前活跃，人们个性张扬，崇尚浪漫情怀。东周青铜器作为这一时代风貌的“物化”反映，器形由厚重变得轻灵，造型由威严变得奇巧，手法由神秘色彩浓厚而趋向写实，装饰纹样也变得易于理解和更接近生活。莲鹤方壶的出现，反映了一种新的生活观念与艺术观念，是活跃升腾的精神力量的形象体现。

春秋战国时期，青铜器的铸造和工艺技术有了很大的发展，青铜器艺术在表现力和技巧方面形成了自己的特色，达到了前所未有的高度，并对后世的造型艺术产生深远的影响，是青铜器发展的又一高峰。

春秋是中国历史上一个大动荡、大变革的时期，王室衰微，诸侯并起，五霸相继，中原逐鹿。由于王室的地位下降，诸侯实力增强，青铜器不再是神权和王权的象征，而是逐渐趋于艺术化和实用化。东周青铜器大多为各国贵族在举行祭祀、宴飨或婚丧礼仪时所用的礼器和乐器，也有一些生活用具、车马器及工具等。在春秋战国青铜器中，各国诸侯和卿大夫的礼器数量最多，除东周王室外，几十个诸侯国都有青铜器流传至今。由于战争十分频繁，各国都重视兵器的研制，所以铸造业技术水平高超。在文化意识形态领域，礼崩乐坏，“学在官府”的文化垄断局面已被打破，以“士”为中心的新的文化体系开始崛起，显示出人本主义意识的觉醒。社会的解体与观念的解放是连在一起的，无神论思潮在春秋已蔚为风气。殷周以来的

远古巫术宗教传统在迅速褪色，失去其神圣的地位。作为西周礼乐制度象征的青铜文明在这一时期也同旧体制一样走向全面衰落，青铜器作为礼器已从宗教巫术礼仪的笼罩下解脱出来，并萌发出对美的自觉追求．不再是不可僭越的神器。

青铜铸造业并不由于青铜时代的终结而衰败，反而因整个社会生产发展的需要而被注入了新的生命力。春秋晚期的青铜铸造业在生产技术、艺术水平和器物种类等许多方面，呈现出崭新的面貌，在青铜器发展史上形成第二个高峰。

这一时期，由于青铜器造型日趋复杂，要求铸造工艺和技术更加精密，在传统工艺的基础上，出现了一些新的铸造工艺。在莲鹤方壶的铸造中，就运用了分铸和焊接

法。其中焊接法是春秋时期新出现的工艺技术，是从分铸法发展而来的，即先将铸件各部分分铸，用熔化后的低熔点金属把主体和附件焊接在一起，一般有锡、铅锡合金、铜等焊料。如河北平山战国中山王墓出土的龙凤方案（**图二六**），即采用了多种焊料。而年代更早的莲鹤方壶，正是采用这种铸造工艺的一件早期优秀代表作品。

莲鹤方壶构图极为复杂，造型设计非常奇妙，铸造技艺卓越精湛，堪称春秋时期青铜艺术的典范之作。要铸造如此复杂的青铜器，需要先进的铸造工艺和高超的技巧。专家们认为，莲鹤方壶是用泥土做模型，经焙烧后翻制陶范，零件分别预铸，整体合铸或焊接而成的。壶顶的仙鹤和双龙耳与器身主体都是采用分铸法。立鹤系焊接在一块平板上，可以单独取下。20个莲瓣预铸，再与盖的主体范

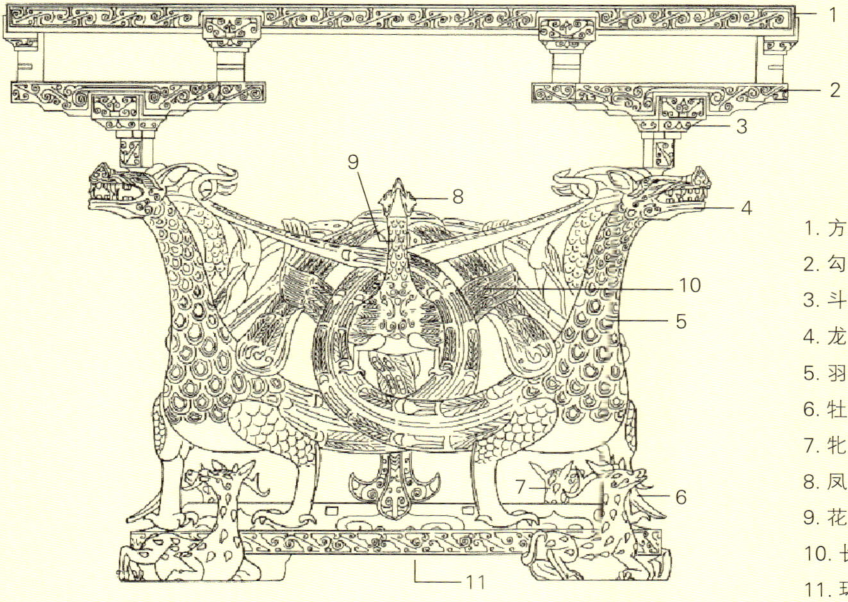

1. 方形案框
2. 勾连云纹
3. 斗拱
4. 龙
5. 羽毛纹
6. 牡鹿
7. 牝鹿
8. 凤
9. 花斑羽纹
10. 长羽纹
11. 环形座

图二六　战国中山王墓出土龙凤方案线图

拼合嵌铸。双耳及环、腹四角飞龙、颈前后螭龙以及二龙（虎）形足，也都是预先铸成，再与器的主体合铸或焊接。既显示了高超的铸造技术，也反映了当时青铜器上动物造型肖像化的潮流。著名文物修复专家华觉明认为，莲鹤方壶的制作，是在器壁预铸凸榫，然后再焊接。即先在壶腹铸上较长的方榫，于先铸成的壶耳附件空腔内，倒入熔铸的焊料，凝固后即与器体连接[29]。这种在器壁处预铸凸榫，插入附件内的做法，也是春秋战国时期较为常见的焊接方式。

莲鹤方壶比之商代和西周时期的青铜器，又达到一个新的境界。也正因如此，莲鹤方壶被专家们誉为“青铜时代的绝唱”，它说明郑国的工业科技水平特别是青铜器铸造工艺，在当时处于领先地位。

六、艺术风韵

莲鹤方壶是春秋时代青铜艺术的杰作，其艺术成就体现在造型审美、纹饰特征和艺术风格诸方面。

在造型审美上，由于东周时期地区性的冶铸规模不断扩大，青铜器的造型打破了传统的制约和束缚，由庄严肃穆走向华丽精巧，更加注重实用性和审美性，出现了多元化的地域风格。这一时期青铜器的实用功能与审美特征达到了完美的结合，青铜器既是不可缺少的生活用品，又是包含审美理念的艺术作品。青铜器制造者在不断完善青铜器实用功能的同时，也不断吸收新的思想和实践经验。总体上说，其器形由厚重转向轻灵，造型设计由严正转向

奇巧。莲鹤方壶两侧各有一伏龙形耳，龙头上昂，龙尾上卷，龙身起伏成壶耳，龙足与壶相连，龙作回首张望态，龙的形态与壶的造型已融为一体，使器物秀美和谐而稳重，气韵生动。

莲鹤方壶器形结构均匀协调，纹饰线条鲜明流畅，布局有序，注重纹饰与器形的协调，在形式、韵律、节奏中体现了和谐。这一时期的艺术家已掌握了形式美的基本原则，寓变化于整齐，在对立中求统一，继承了西周对称布局的平衡原则。东周青铜器所有的几何体造型都“力求使器物的上、中、下各部位比例谐调，左、中、右各部位保持平衡，以便使器物的重心落在理想位置上，从而取得沉稳的视觉效果”[30]。器物各种附件的安置，都在不破坏整体平衡的原则下进行。

莲鹤方壶造型中还注重虚实相生的原则，创造出蕴含强烈生命意识的青铜艺术。莲鹤方壶的上部相对比较厚重，为了不使整体上让人感到蠢笨，设计者在圈足下部安装了一对龙（虎）形怪兽，以形成“虚”的空间和上部呼应，缓和了整器的笨拙之感。虚实对应，富有空间感和轻灵之美，既不失青铜器的粗犷厚重，又显得古意盎然，质朴幽雅。

在纹饰特征方面，莲鹤方壶的纹饰除蟠螭纹、蟠虺纹、夔凤纹等传统流行纹样外，出现了极富生活气息的莲瓣和仙鹤。这些纹饰方面的新探索和新贡献，对后来的中国造型艺术产生了深远影响。莲鹤方壶纹饰中的各种龙纹，其构图有单体虬结或复合的作各种形状交缠，排列成繁杂的四方连续形。这种纹饰开启了构图微型化的趋势，

大都是文献中所记载的卷龙或交龙之类，龙的形象或缩微，或变形，使商周以来整个青铜器神秘狰狞的风格逐渐改变，标志着古典的青铜工艺发展史进入了新的阶段。其次，更注重画面的动感，无论是传统纹样还是新式纹样，都着重表现其动态，富于生趣。图案纹饰的形状变化丰富，构图活泼，也不同于以前的装饰手法，给人别具一格的清新感受。与商周静态的动物表现方式不同，新风格体现了强烈的生命意识和飞动之美。

总之，伴随着新工艺的出现和应用，这一时期的装饰风格更加精美圆熟，在写实性的基础上更注重画面的动感，富有生活情趣，充分表现了现实生活与艺术的密切关系。纹饰种类较商代及西周有很大的变化，其特点是过去的饕餮纹、兽面纹等繁缛纹样已淘汰，代之以动物纹、植

物纹等。从审美的角度来看，纹饰的变化显示出商周时期青铜器所特有的狰狞、恐怖、威慑、可怕的宗教神秘色彩和礼乐色彩在东周青铜器中已经逐渐地淡化。一种追求自然的真实美感，追求灵动活泼的审美心理在崛起，取代了原来的庄严和神秘。艺术创造向着更加人性化的方向发展。

在艺术风格方面，春秋时期王室衰微，礼乐制度崩溃，政治多元化格局形成，代表王权的青铜礼器从全盛的顶峰逐渐衰落下来，代之以制作上的清新活泼，从而表现出多样性、地方性的艺术风格，也使青铜器的象征意味更加深远，体现了新的时代精神风貌。莲鹤方壶的线条更为圆润，弧度更为明显，符合人们新的审美习惯，表现了人们由追求感官强烈冲击的狰狞恐怖向优美典雅审

美趣味的变迁。其风格特点具体表现为以下三个方面：第一，繁复华丽之美和简约素净之美并存。中国传统审美文化中美的理想有两种，即繁复华丽之美和简约素净之美。《易经·贲卦》中就包含了这两种美的对立："上九，白贲，无咎。""贲本来是斑纹华采，绚烂的美。白贲，则是绚烂又复归于平淡。"莲鹤方壶的器身装饰，可谓极尽华美，富丽堂皇。而盖顶之立鹤，除腋下、翅膀上有数道弦纹之外，基本素净无华，它以优雅的造型、流畅的线条取胜，体现出简洁质朴之美。宗白华指出：莲鹤方壶的出土"证明早于孔子一百多年，就已从'错采镂金、雕缋满眼'中突出一个活泼、生动、自然的形象，成为一种独立的表现，把装饰、花纹、图案丢在脚下了"，"它从真实自然界取材，不但有跃跃欲动的龙和螭，而且还出现了植

物——莲花瓣。表示了春秋之际造型艺术要从装饰艺术独立出来的倾向。尤其顶上站着一个张翅的仙鹤，象征着一个新的精神，一个自由解放的时代”[31]。莲鹤方壶打破了商周以来繁复华丽的单一的审美追求，凸显了“芙蓉出水”般新的审美理想，去除错采镂金的装饰追求而自然可爱，在中国审美意识发展史上是一大解放。从此，繁复华丽之美和简约素净之美作为两种审美理想，在中国历史上一直贯穿下来。第二，东周青铜器象征意味浓厚，寓意深远，体现了新的时代精神风貌。商和西周青铜礼器作为神权和王权的象征，毫无疑问具有宗教的神秘色彩和等级地位的象征意味。而春秋战国作为一个百家争鸣、人文兴盛的新时代，它的新的时代精神也毋庸置疑地投射到青铜艺术作品中。莲鹤方壶壶冠呈双层盛开的莲瓣形，莲瓣中央

立一鹤，展翅欲飞；壶颈两侧用附壁回首之龙形怪兽为耳；器物外表刻满了蜿蜒的蟠龙纹，四角各饰一龙，器座为两个张口吐舌的怪兽，支托着沉重的器身。其构思新颖，设计巧妙，融清新活泼和凝重神秘为一体，被誉为时代精神之象征，是要求从旧的思想束缚下解放出来的社会心理的真实反映。第三，以莲鹤方壶为代表的新郑彝器中各地风格多元共存，富有地方特色，对后代艺术风格的丰富性产生了积极的影响。东周时期的青铜器除继承前人的传统外，也显示了一些新的特色，即地域文化特征。其时，青铜器按其器形、纹饰、制作工艺等方面的差异，可分为三晋、齐鲁、燕、秦、吴越等几大区域。青铜器不同地域风格的形成，与各地的思想主流和工艺传统密切相关。各地青铜器工艺既独具特色、相互区

别，又相互促进、共同发展。例如，“东周青铜文化中关系密切的郑器和楚器的源头均是西周青铜文化。春秋中期后郑器进入成熟期，以华丽的风格异于周、晋为代表的中原地区青铜器，又以完善的青铜礼器组合、规整的器形异于楚器。春秋中期前，楚器通过对郑器的借鉴，从器类、器形、组合、纹饰上吸收了较多中原青铜文化因素，并形成了自己的鲜明特色。春秋中期后，楚器自身体系确立，器物组合重视水器，装饰华丽。楚器的这些特性又反过来对郑器有所影响，并通过郑器将这些风格传播到整个中原地区”[32]。

七、莲鹤追踪

作为莲鹤方壶主体装饰的莲瓣和仙鹤，其艺术形象的产生有着悠久的历史渊源以及相应的文化背景和社会基础。

莲花因其绰约的风姿，自古为世人所喜爱，又因其从泥塘中长出，美丽的花瓣对照着污浊的泥水，便被认为洁净且不染污泥，从而被人们赞美、颂扬，并更进一步被赋予了某种崇高的品格精神。早在《诗经·郑风·山有扶苏》中，便有了莲花的记载，谓之“山有扶苏，隰有荷华”。屈原《离骚》：“制芰荷以为衣兮，集芙蓉以为裳。不吾知其亦已兮，苟余情其信芳。”屈原借以荷叶为

衣、莲花为裳，来表达自己高洁的美好品质，将莲花与人的品德联系起来。

作为后世长寿仙禽代表的鹤，以象征“瑞草”的莲花相衬托，从而营造了一个生与美的世界。在周代，无论是青铜器上出现莲花图像，还是陶器和各种建筑装饰、雕塑工艺及生活器皿上常见莲花图案和造型，从实用装饰到信仰寓意，始终没有脱离至美的追求，而后道教又有莲花冠、莲花座，佛教中也将莲花作为佛的象征，可见，莲的境界一直萦绕在人们信仰的美好世界里。在此，莲鹤方壶上的莲花形象就是春秋战国时期人们理想仙界的象征符号之一，对汉代之后升仙图像审美的发展成熟有承前启后的作用。

在历史长河里，鹤以其声音、形象、习性等自身条

件，逐渐被人们所认识，并加以利用，形成独具特色的鹤文化。早在距今9000—7800年的新石器时代裴李岗文化贾湖遗址中，迄今已出土了30多支骨笛，表明贾湖先民曾在此创造了高度发达的原始音乐文化。这些骨笛是用大型禽鸟双翅上的尺骨制成的，据鉴定这种禽鸟为丹顶鹤。贾湖遗址北距新郑约100千米，说明中原地区的先民与这些美丽的仙鹤早就建立了联系。另据报道，黑龙江齐齐哈尔昂昂溪文化遗址中，也发现了原始先民用鹤腿骨制作的乐器以及陶塑的鹤形象[33]。昂昂溪文化距今约7500年，这一发现再次表明原始先民对鹤这一禽鸟情有独钟。

传说商族的祖先简狄与其妹同沐浴于玄丘之水，吞玄鸟卵生契，后封于商。“天命玄鸟，降而生商”。有人认为此玄鸟为玄鹤，崔豹《古今注》记载：“鹤千岁则变

苍，又二千岁变黑，所谓玄鹤也。”1976年发掘的安阳殷墟妇好墓中，出土有玉鹤（**图二七**）。玉鹤浅褐色，为一站立状的玉雕鹤，长颈下弯，头置于胸前，以小孔作眼，短翅微展，长尾下垂，足粗且短，颈饰羽毛纹，身雕翎

图二七　殷墟妇好墓出土玉鹤

纹，颈、足各有一小孔。

创作于周宣王时期的《诗经·小雅·鹤鸣》中写道："鹤鸣于九皋，声闻于野。鱼潜在渊，或在于渚。乐彼之园，爰有树檀，其下维萚。它山之石，可以为错。鹤鸣于九皋，声闻于天。鱼在于渚，或潜在渊。乐彼之园，爰有树檀，其下维榖。它山之石，可以攻玉。"诗中是用鹤比喻归隐的贤能之人，劝告周宣王任用这些贤能者。另外，《周易·中孚》也有"鸣鹤在阴，其子和之"的记载，也是说鹤在背阴的地方鸣叫，不炫耀自己。

到了春秋时期，贵族社会对于鹤的喜爱愈演愈烈。《左传·闵公二年》记载："冬十二月，狄人伐卫。卫懿公好鹤，鹤有乘轩者。将战，国人受甲者皆曰：'使鹤，鹤实有禄位，余焉能战！'……及狄人战于荧泽，卫师败

绩，遂灭卫。”说的是卫懿公非常喜欢养鹤，他所养的鹤都有品位俸禄。这引起了国人的不满，当卫国受到狄人侵扰时，国人都不愿听从他的命令去与狄人作战，最后卫国被灭。这就是有名的“卫懿公好鹤亡国”的典故。

战国时期，鹤仍然受到人们的青睐。1978年湖北随州战国曾侯乙墓出土的鹿角立鹤青铜器（**图二八**），鹤高110厘米，鹤长喙上翘呈钩状，引颈昂首伫立，两翅展开作轻拍状，拱背，垂尾，鹤首两侧插有两支铜质鹿角形枝杈，鹤的头、颈部有错金几何纹饰，其他部位有铸成或镶嵌的云龙纹，制作非常精美。此外，湖南省博物馆所藏战国帛画《人物御龙》（1973年湖南长沙子弹库楚墓出土），画面正中绘一高冠博袍、佩长剑的男子，他立于龙身，头顶华盖，龙弓身成舟，舟尾立一长颈仙鹤。

图二八　曾侯乙墓出土鹿角立鹤

综上所述，可以说明，莲鹤方壶中立鹤形象的出现，有着悠久的历史渊源和深厚的文化基础。在中华文化中，鹤不同于一般的鸟类。它总是与人们美好的期望相伴，是吉祥、长寿、忠贞、仙雅、健美的象征，形成了内涵丰富的鹤文化。历经几千年，鹤文化已渗透到中华文明的许多领域，水乳交融，构成我国民族文化整体的一个组成部分，成为我国以某一自然物为标记的文化之一。莲鹤方壶的出土，标志着鹤的形象已登上工艺文化的殿堂，反映出古代艺术家的思维已从现实的土壤上升华，赋予作品以强烈的浪漫主义气息，表现出人类自我意识的觉醒，即古代人文意象已由“巫、神”向自然物转化，并逐渐向“自然人化”发展。

注释：

[1][4] 郭沫若：《殷周青铜器铭文研究》，第 99—100、112—115 页，人民出版社，1954 年。

[2][14][22][24][25] 容庚：《商周彝器通考》，上册第 13、437 页，下册第 395、393、394 页，台北大通书局，1973 年。

[3] 王国维：《观堂集林》，第 899—900 页，中华书局，1959 年。

[5] 孙次舟：《新郑铜器为战国作物考》，《历史与考古》，1937 年。

[6] 郭宝钧：《商周铜器群综合研究》，第 84—85 页，文物出版社，1981 年。

[7] 李学勤：《东周与秦代文明》，第 69 页，文物出版社，1984 年。

[8]河南省文物研究所、河南省丹江库区考古发掘队、淅川县博物馆：《淅川下寺春秋楚墓》，第318页，文物出版社，1991年。

[9] 杨文胜：《新郑李家楼大墓出土青铜器研究》，《华夏考古》2001 年第 3 期。

[10] 赵化成：《新郑李家楼大墓年代与墓主再议》（http://hdgl.

xinzheng.gov.cn/content.jsp?urltype=news.NewsContentUrl&wbtreeid=1004&wbnewsid=73556）。

[11] 蔡全法：《新郑李家楼青铜器钩沉》，《蔡全法考古文集》，科学出版社，2012 年。

[12] 夏志峰：《新郑器群三考》，见河南博物馆等编：《新郑郑公大墓青铜器》，第 46—47 页，大象出版社，2001 年。

[13] 中国科学院考古研究所（陈梦家）：《美帝国主义劫掠的我国殷周铜器集录》，第 1009 页，科学出版社，1962 年。

[15]北京大学考古学系、山西省考古研究所：《天马-曲村遗址北赵晋侯墓地第二次发掘》，《文物》1994年第1期。

[16]山西省考古研究所、北京大学考古学系：《天马-曲村遗址北赵晋侯墓地第四次发掘》，《文物》1994年第8期。

[17] 河南省文物研究所新郑工作站：《河南新郑县李家村发现春秋墓》，《考古》1983 年第 8 期。

[18] 河南省文物研究所：《信阳楚墓》，第 103 页，文物出版社，1986 年。

[19] 湖北省博物馆:《曾侯乙墓》,图版五八,文物出版社,1989 年。

[20] 湖北省文物考古研究所:《江陵望山沙冢楚墓》,第 37 页,文物出版社,1996 年。

[21] 郭宝钧:《山彪镇与琉璃阁》,第 15 页,科学出版社,1959 年。

[23] 高明:《中原地区东周时代青铜礼器研究(上)》,《考古与文物》1981 年第 2 期。

[26] 山西省文物管理委员会:《山西长治市分水岭古墓的清理》,《考古学报》1957 年第 1 期。

[27] 中国科学院考古研究所:《辉县发掘报告》,图版柒伍,科学出版社,1956 年。

[28] 河北省博物馆、文物管理处:《河北省出土文物选集》,文物出版社,1980 年。

[29] 华觉明:《中国古代金属技术——铜和铁造就的文明》,第 181 页,大象出版社,1999 年。

[30] 朱和平:《中国青铜器造型与装饰艺术》,第 16 页,湖南美术出版社,2004 年。

[31] 宗白华：《中国美学史中重要问题的初步探索》，《美学散步》，第 62 页，上海人民出版社，2005 年。

[32] 杨文胜：《郑国青铜器与楚国青铜器之比较研究》，《中原文物》2002 年第 3 期。

[33] 孙文政：《简述齐齐哈尔鹤文化源流》，见鹤文化研究会编：《鹤文化研讨会论文集》，2006 年。